Para Ben

Título original: *Fergal is Fretting!*

Texto e ilustraciones: *Robert Starling*

1.ª edición: abril de 2024

Traducción: *Júlia Gumà*
Corrección: *Sara Moreno*
Maquetación: *Isabel Estrada*

© 2024, Robert Starling
Publicado en UK en 2024 por Andersen Press Ltd.,
(Reservados todos los derechos)

© 2024, Ediciones Obelisco, S. L.
www.picarona.net | www.edicionesobelisco.com
(Reservados los derechos para la lengua española)

ISBN: 978-84-9145-716-9
DL B 20021-2023

Printed in China

¡FERGAL ESTÁ PREOCUPADO!

ROBERT STARLING

 Picarona

A Fergal le encanta pasar
tiempo con su familia
y con sus amigos
del bosque.

Pero hay algunos a los que no ve muy a menudo.

Como la tía Agna, que vive arriba en los bosques de nubes...

O el bisabuelo Kragg, que vive en la profundidad de las montañas...

Y Elspeth, a quien no ha visto desde el Campamento Dragón.

—Ojalá pueda ver a Elspeth de nuevo —suspiró Fergal.

Esa tarde, recibió una agradable sorpresa.

—Buenas noticias, Fergal —dijo papá—. Acabo de hablar
con el padre de Elspeth y vendrán el próximo fin de semana...,
así que ¡podremos ir al Festival de Verano todos juntos!

A la mañana siguiente, Fergal no estaba
tan emocionado como creía que estaría.

Sentía la cara caliente.

No podía
estarse quieto.

No paraba de ir
al baño.

Fergal estaba
preocupado.

Les contó a sus
amigos del bosque que
Elspeth vendría al festival, y ellos
estaban entusiasmados por conocerla.

Pero a la hora del recreo, Fergal aún estaba preocupado.
¿Qué pasaría si a Elspeth no le gustaba jugar
a los mismos juegos?

¿Y si no le gustaban sus amigos?
¿Y si a sus amigos les gustaba más ella que él?

¿Y si no se llevaban tan bien como el verano pasado?

¿Y si el festival no era suficientemente divertido para Elspeth?

¿Y si...? ¿Y si...? ¿Y si...?

A medida que avanzaba la semana, Fergal ya no era
el mismo de siempre.
—¿Va todo bien, Fergal? –preguntó mamá.

—¡Estoy bien! –gruñó Fergal.
Pero no se sentía bien.

Esa tarde, no pudo concentrarse en nada.
—¿Estás seguro de que estás bien? –preguntó papá.

—¡DEJADME TRANQUILO! –gritó Fergal.

Fergal se fue furioso.

—Fergal, ¿qué ha pasado? —preguntó papá.
—Estoy preocupado por ver a Elspeth —confesó Fergal—.
¿Y si no es lo mismo que antes?

—Te voy a contar un secreto –dijo papá–.
Yo siento lo mismo sobre tocar
con mi antigua banda en el festival.

—Se llama estar preocupado. Cuando me siento así, respiro profundamente, me ocupo en algo e intento concentrarme en lo que está pasando en ese momento —dijo mamá—.

Fergal se detuvo a pensar mientras se tomaba su chocolate.
—¿Podríamos hacer un pastel para Elspeth?
—Es una idea fantástica —respondió papá.

Fergal descubrió que
cuando estaba ocupado
y se concentraba
en los olores...,

los sonidos...,

los sabores...

y la vista,

paraba de pensar en los «¿y si...?».
Fergal ya no estaba preocupado, ¡estaba ENTUSIASMADO!

Finalmente, un coche aparcó fuera de su casa.
Pero ¿dónde estaba Elspeth?

—Elspeth es un poco tímida
—dijo el padre de Elspeth.

¡Al fin!... ¡Ahí estaba!
—Te he hecho esto —dijo ella.

Fergal le enseñó los alrededores a Elspeth,
y todos tomaron el té juntos.

Fergal ya se lo estaba pasando en grande, y aún mejor,
¡mañana sería el Festival de Verano!

Había tantas cosas para ver y hacer en el festival,
que Fergal se olvidó de sus preocupaciones.

—Estaba muy nervioso por verte —confesó Fergal.
—¡Yo también! —dijo Elspeth.

Fue el mejor Festival de Verano que se recuerda...

Y prometieron que, la próxima vez,
no esperarían tanto para verse de nuevo.